BEI GRIN MACHT SICH IHR WISSEN BEZAHLT

AF139846

- Wir veröffentlichen Ihre Hausarbeit, Bachelor- und Masterarbeit

- Ihr eigenes eBook und Buch - weltweit in allen wichtigen Shops

- Verdienen Sie an jedem Verkauf

Jetzt bei www.GRIN.com hochladen und kostenlos publizieren

Bibliografische Information der Deutschen Nationalbibliothek:

Die Deutsche Bibliothek verzeichnet diese Publikation in der Deutschen National-
bibliografie; detaillierte bibliografische Daten sind im Internet über http://dnb.d-
nb.de/ abrufbar.

Impressum:

Copyright © 2016 GRIN Verlag, Open Publishing GmbH
Druck und Bindung: Books on Demand GmbH, Norderstedt Germany
ISBN: 9783668459762

Dieses Buch bei GRIN:

http://www.grin.com/de/e-book/367136/der-weihnachtsfrieden-1914-an-der-west-
front-des-ersten-weltkrieges

Lukas Makiola

Der Weihnachtsfrieden 1914 an der Westfront des Ersten Weltkrieges

"Stell dir vor es ist Krieg und keiner geht hin"

GRIN Verlag

Martin-Behaim-Gymnasium Nürnberg

Wissenschaftspropädeutisches Seminar 2015/2017

„Sport und Politik" – Leitfach Geschichte

Verfasser: Lukas Makiola

Seminararbeit

zum Thema:

„Stell dir vor es ist Krieg und keiner geht hin" –
Der Weihnachtsfrieden 1914 an der Westfront des
ersten Weltkrieges

Inhaltsverzeichnis

1. Einleitende Gedanken

Ein geselliges Weihnachtsfest mit einem geschmückten Weihnachtsbaum und dem obligatorischen „Stille Nacht, Heilige Nacht" ist für die meisten in unserer christlich geprägten Gesellschaft ein jährliches Ritual, welches mit der Familie oder Freunden im festlichen Rahmen gefeiert wird.

Was ist aber, wenn man sich gerade an Weihnachten in einem Krieg befindet und in eisiger Kälte in einem schmutzigen, von Ratten geplagten Schützengraben sitzt und seinen Gegner im circa 50 Meter entfernten Graben beschießen soll?

Klingt nach einem Widerspruch – ist doch gerade das Weihnachtsfest das Fest der Liebe und des FRIEDENS. Doch paradoxerweise ist die eben geschilderte Situation leider kein Widerspruch.

Viele Soldaten befanden sich gerade im ersten Kriegsjahr des ersten Weltkrieges an der Westfront in genau dieser Lage.

Trotzdem siegte die Menschlichkeit für kurze Zeit mitten im Krieg und deutsche wie englische Soldaten schlossen, trotz des ausdrücklichen Verbots einer Verbrüderung, an vielen Fronten während der Weihnachtstage 1914 Frieden und verbrachten das Fest der Liebe gemeinsam im Niemandsland.

Die Dauer des Weihnachtsfriedens ist sehr schwer abzuschätzen. Allgemein ist der Weihnachtsfrieden die falsche Bezeichnung, eher müsste es die Weihnachtsfrieden heißen, da die Westfront ein sehr weites Gebiet umfasst hat und somit jeder Frontabschnitt de facto einen eigenen Friedensschluss „besitzt".

Abgesehen davon, dass das Morden einfach eine Pause hatte, stand auch der Sport im Fokus, sodass mitten im Niemandsland Boxkämpfe und vielerorts auch Fußballspiele auf improvisierten Spielfeldern stattfanden.

Diese Seminararbeit soll den Weihnachtsfrieden 1914 näher behandeln. Hierbei möchte ich einerseits den Frieden als solches aber auch die Hintergründe und Reaktionen auf diesen erläutern.

2. Der Weihnachtsfrieden 1914 an der Westfront des ersten Weltkriegs

2.1. Hintergrundinformationen

2.1.1. Der Verlauf des ersten Weltkriegs

Sonntag, der 28.06.1914. Das österreichische Thronfolgerpaar Erzherzog Franz Ferdinand und seine Gattin Herzogin Sophie von Hohenberg besuchen die bosnische Hauptstadt Sarajewo. Bereits bei der Anfahrt auf das Rathaus scheitert ein erster Anschlagsversuch, als ein 19-jähriger Bosnier eine Handgranate auf den Wagen der Thronfolger wirft. Trotz einiger Verletzter wird der Besuch des Rathauses fortgesetzt und macht den zweiten und letztlich erfolgreichen Anschlagsversuch möglich. Etwa fünf Minuten nachdem Franz Ferdinand und Sophie von Hohenberg das Amtshaus verlassen haben und ins Auto gestiegen sind, feuert der serbische Bosnier Gavrilo Princip aus der Menge und trifft das Paar tödlich.

Noch am selben Tag kam es aufgrund des Doppelmordes an den beiden Österreichern zu Unruhen und Übergriffen an Serben, sodass die Verantwortlichen in Sarajewo letztendlich den Ausnahmezustand ausrufen mussten.

Warum dieser Juni-Sonntag den ersten Weltkrieg eingeläutet haben soll, zeigen spätere polizeiliche Ermittlungen, die ergaben, dass die Verschwörer Unterstützung durch den serbischen Geheimdienst erhalten hatten[1].

Aufgrund dieser Unterstützung, wurden Stimmen nach einem Militärschlag gegen die Serben seitens der österreichischen Politik und des Militärs laut. Um Österreich „als letzten Verbündeten nicht [zu] verlieren"[2] sicherte das Deutsche Reich seine Unterstützung in einem Krieg gegen Serbien zu.

Da eine Rechtfertigungsgrundlage für den bevorstehenden Krieg benötigt wurde, stellte Österreich Serbien ein unannehmbares Ultimatum, welches freie Ermittlungen und die Auslieferungen aller am Attentat beteiligten Personen verlangte. + Und so kam es am 28. Juli 1914 zur Kriegserklärung Österreichs an Serbien. Verbunden damit war aber auch die Mobilmachung Russlands, welches ihren Verbündeten Serbien schützen musste.

---

[1] vgl. Mix, Andreas 2014,"Das Attentat von Sarajewo", Z.36f.

[2] Mix, Andreas 2014, „Die Juli-Krise 1914", Z.18

Alles in allem weitete sich der Konflikt zwischen Österreich und Serbien innerhalb weniger Tage zu einem gesamteuropäischen Konflikt aus[3], sodass letztendlich 32 Staaten am ersten Weltkrieg beteiligt waren.

Besonders die Deutschen gingen mit einem hohen Grad an Euphorie in den Krieg. Nicht zuletzt die Siegessicherheit und die Erwartung, dass der Krieg bereits zum Weihnachtsfest 1914 gewonnen sei, steigerte die Anzahl an Kriegsfreiwilligen, die der obersten Heeresleitung zur Verfügung standen, erheblich.

Trotz einiger Erfolge der deutschen Truppen, wie der Schlacht von Tannenberg, bei der 90 000 russische Soldaten gefangen genommen wurden, war der Krieg zum Jahresende 1914 noch lange nicht vorbei. Im Gegenteil nahm der Krieg zu diesem Zeitpunkt erst richtig Fahrt auf. Besonders die Deutschen steigerten die Grausamkeit des Krieges im April 1915 durch den Einsatz von Giftgas deutlich. Auch die intensiven U-Boot Einsätze kennzeichneten den Beginn einer neuen Kriegsära.

Letztendlich setzte der Friedensprozess erst Ende 1917 mit den Verhandlungen von Brest-Litowsk ein, nachdem ein Friedensangebot der Mittelmächte an die Alliierten im Dezember 1916 abgelehnt wurde. So wurde am 03. März 1918 der Frieden zwischen den Mittelmächten und Russland besiegelt.

Das endgültige Ende des Krieges wurde allerdings erst mit dem Versailler-Vertrag vom 28.06.1914 eingeläutet. Besonders schmerzhaft war der Friedensschluss für Deutschen, weshalb dieser häufig, nicht zuletzt aufgrund der hohen Reparationszahlungen als „Diktatfrieden" tituliert wurde.

Alles in allem dauerte der Krieg also über vier Jahre und forderte insgesamt 15 Millionen Menschenleben.

---

[3] vgl. Mix, Andreas 2014, „Die Juli-Krise 1914", Z. 50f.

2.1.2. Geographischer Verlauf der Westfront

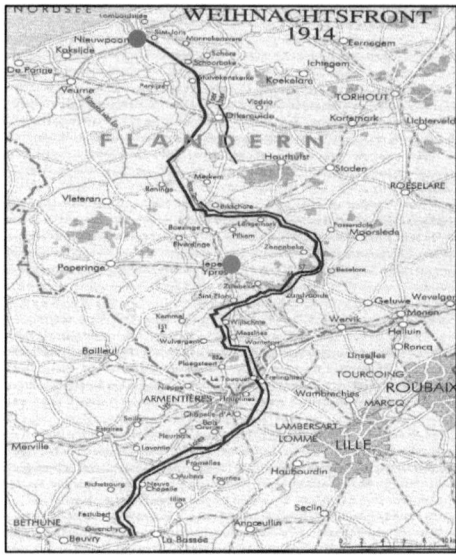

Die Westfront erstreckte sich über einen etwa 750 Kilometer langen Abschnitt, zwischen Nieuwpoort (Abb.1 blauer Punkt) an der Nordseeküste Belgiens und der Schweizer Grenze.[4]

Zwar trat das Phänomen des Weihnachtsfriedens über die ganze Westfront verteilt auf, allerdings stammen die meisten Berichte aus einem „50-Kilometer-Abschnitt"[5] rund um Ypern (Abb.1 roter Punkt).

Abbildung 1: Die "Weihnachtsfront 1914"
Quelle: Jürgs, Michael; Der kleine Frieden im Großen Krieg, S.9

2.2. Deutschlands schlechter Ruf in der Welt

Während des ersten Weltkriegs werden die Deutschen häufig als „Hunnen" bezeichnet bzw. beschimpft. Doch warum werden die Deutschen mit einem „unheimlich aggressiv[en]"[6] Volk aus dem vierten Jahrhundert, dass aus Ostasien nach Europa vordrang[7] und durch seine „tollkühne[n] Kampftechniken"[8] bekannt wurde, in Verbindung gebracht? Das Schimpfwort entstand im Zuge des in China um 1900 auftretenden Boxeraufstands. Die sogenannten „Boxer" waren eine Gruppierung, die gegen „die Fremdherrschaft"[9] in China war und somit die Kolonialherren aus dem Land treiben wollte. Infolgedessen wurde eine internationale Koalition unter der Führung des deutschen Generalfeldmarschalls Alfred Graf von Waldersee gebildet, die den Boxeraufstand niederschlagen sollte. Bei der Verabschiedung der Truppen nach China (Abb. 2) hielt Kaiser Wilhelm II. seine berühmte „Hunnenrede", die den Deutschen Soldaten gleichzeitig das Schimpfwort einbrachte:

---

[4] vgl. Lengemann, Martin U.K. 2014, Z.1f.
[5] von Busse, Mark-Christian 2014, Z.12
[6] WAS IST WAS 2012, Z.18f.
[7] vgl. WAS IST WAS, Z.2f.
[8] WAS IST WAS 2012, Z.24
[9] Zeitklicks, Z.7

„Kommt ihr vor den Feind, so wird derselbe geschlagen! Pardon wird nicht gegeben! Gefangene werden nicht gemacht! Wer euch in die Hände fällt, sei euch verfallen! Wie vor tausend Jahren die Hunnen unter ihrem König Etzel sich einen Namen gemacht, der sie noch jetzt in Überlieferung und Märchen gewaltig erscheinen läßt, so möge der Name Deutscher in China auf 1000 Jahre durch euch in einer Weise bestätigt werden, daß es niemals wieder ein Chinese wagt, einen Deutschen scheel anzusehen!"[10]

Abbildung 2: Kaiser Wilhelm II. bei seiner „Hunnenrede", während der Verabschiedung der Truppen nach China am 27. Juni 1900
Quelle: https://www.welt.de/kultur/history/gallery13724425/Wilhelm-II-seine-Hunnenrede-und-The-Huns.html

Obwohl die „Boxer" nicht nur von den Deutschen äußerst brutal niedergeschlagen wurden[11], sorgte der Vergleich des Kaisers mit den Hunnen für internationales Aufsehen[12] und blieb so an den Deutschen haften. Ihrem neuen Ruf aller Ehre machten die Deutschen im ersten Weltkrieg. So gibt es Berichte über hinterhältige Kriegslisten, wie jene, die einige Wochen vor Weihnachten durchgeführt wurde. Bei dieser warf sich ein deutscher Trupp mit fortgestreckten Waffen vor den Briten nieder. Als die Briten keine Kampfansicht erkennen konnten, senkten diese ebenfalls ihre Waffen nieder[13]. Daraufhin tauchten genau in diesem Moment aus dem Unterstand weitere Soldaten mit angelegten Gewehren auf und kurz darauf lagen dutzende Engländer „innerhalb weniger Augenblicke tot vor den Stacheldrahtverhauen"[14]. Wenig verwunderlich also, dass die Briten bei Annäherungsversuchen der Deutschen häufig zunächst von einer Kriegslist ausgehen.

---

[10] Zeitklicks, Z.13ff.
[11] vgl. Zeitklicks, Z.30f.
[12] vgl. Zeitklicks, Z.27f.

[13] vgl. Jürgs, Michael 2003, S.8 Z.28ff.
[14] Jürgs, Michael 2003, S.10 Z.1f.

2.3. Gründe für den inoffiziellen Friedensschluss

2.3.1. Prekäre humanitäre Situation der Soldaten in den Schützengräben

Während des ersten Weltkrieges gab es wahrlich angenehmere Orte als die Schützengräben direkt an der Front. Insbesondere im Dezember 1914 – mitten im Winter - waren die Soldaten der Kälte und den winterlichen Bedingungen schutzlos ausgeliefert. Doch auch sonst waren die humanitären Bedingungen miserabel. So berichtet der britische Veteran Reginald Thomas, wie alle gleichermaßen von Läusen, Schlamm, Kälte und Ratten geplagt waren[15]. Insbesondere der Schlamm bereitete in den Unterständen große Probleme. Demzufolge mussten die Soldaten teilweise „[t]agelang ohne Pause im Schlamm der Schützengräben"[16] verharren.

Auch Erzählungen, wie der Schlamm durch Kälteeinfluss „Hosen steif gemacht" und sich an „Stiefeln festgesetzt"[17] hat, zeugen abseits der mangelnden Hygiene von den katastrophalen Zuständen in den Schützengräben.

Abbildung 3: Wassergefüllter Graben bei Ypern 1917
Quelle:http://www.wikiwand.com/de/Grabenkrieg_im_Ersten_Weltk rieg

Durch stehendes Wasser (siehe Abb.3), welches durch zu schwache Pumpen nicht abtransportiert werden konnte[18], wurden die Gräben teilweise so stark beschädigt, dass Stabilisierungsmaßnahmen und zum Teil auch das Neugraben der Schützengräben notwendig wurden[19]. Diese Maßnahmen stellen dabei den ersten wohlgemerkt sehr pragmatischen Grund für eine Waffenruhe dar. Denn ohne solcher Feuerpausen, wäre die Funktionsweise der Gräben nicht mehr gewährleistet.

---

[15] vgl. Jürgs, Michael 2003, S.41 Z.7ff.
[16] Arnold, Martin 2014, Z.4f.
[17] Jürgs, Michael 2003, S.48 Z. 14f.

[18] Jürgs, Michael 2003, S.48, Z.12f.

2.3.2. Bestattung von Gefallenen im Niemandsland

Ein weiteres sehr pragmatisches, aber für die Soldaten dennoch wichtiges Motiv, ist die Beerdigung der sich im Niemandsland befindenden Gefallenen. Da es einem Selbstmord glich, während eines Gefechts Verletzte oder Gefallene aus dem Niemandsland zu retten bzw. bergen, sammelten sich die Leichen, wie in Abbildung 4 zu sehen ist, teilweise über mehrere Wochen hinweg an.

Abbildung 4: Gefallene im Niemandsland
Quelle: Jürgs, Michael; Der kleine Frieden im Großen Krieg, S.69

Daraus folgernd ist es nur schwer vorstellbar, wie belastend es gewesen sein muss, „die vermodernden Leichen der Kameraden [auf verwüstetem Gelände]"[20] über mehrere Tage oder Wochen hinweg mitanzusehen. Umso verständlicher ist der aufkommende „[u]nwiderstehlich[e] Brechreiz"[21] bei den Soldaten. Da die beschriebene Situation für alle Seiten unerträglich war, war es besonders während der ersten Kriegsmonate üblich, den Krieg kurzzeitig einzustellen, um gefallene Kameraden zu bestatten und Verwundete zu pflegen. Dass diese kurzzeitige (inoffizielle) Waffenruhe völlig unkompliziert ablief, zeigt eine Schilderung des Leutnants der Reserve Meinicke:

„In gutem Deutsch rief uns ein Engländer zu, ob wir nicht die Toten zwischen den Stellungen fortschaffen wollen (es lagen um diese Zeit etwa 50 bis 60 Tote vor dem Kompanieabschnitt). Nach kurzem Überlegen waren wir einverstanden, und einige Kameraden gingen gleichzeitig mit den Engländern auf die Deckung."

Bereits hier wurden erste Annäherungen und Fraternisierungen deutlich. So „halfen die ‚Feinde' einander"[22] und „gemeinsam[e] Gottesdienst[e] wurde[n] gefeiert"[23]. Auch an Weihnachten 1914 wurden an der Westfront häufig solche Waffenruhen arrangiert. Bei Gelegenheit unterhielt man sich und im Allgemeinen wurde das „Eis" zwischen den Gegnern gebrochen, sodass man den Kampf gar

---

[20] Arnold, Martin 2014, Z.8
[21] Arnold, Martin 2014, Z.7
[22] Arnold, Martin 2014, Z.70
[23] Briefe/Tagebucheinträge deutsch, Z.73

nicht mehr aufnahm. Auch die geschilderte Situation des Leutnants der Reserve Meinicke endete mit der Bitte der Engländer gemeinsam Weihnachtslieder zu singen[24].

Alles in Allem war das anfängliche Bestatten ein wichtiger Schritt zur Fraternisierung der gegnerischen Soldaten und führte damit vielerorts konsequenterweise zum Weihnachtsfrieden.

2.3.3.   Enttäuschung über das nicht eingetretene frühe Ende des Krieges

Insbesondere Parolen, wie „Spätestens an Weihnachten seid ihr wieder zu Hause"[25], die den Soldaten zu Kriegsbeginn propagiert wurden, führten dazu, dass sich ganze Schulklassen in Scharen freiwillig zum Kriegsdienst meldeten[26]. Auch die Tatsache, dass besonders die Deutschen durch erfolgreiche Propaganda mit einem hohen Grad an Euphorie in den Krieg zogen, erhöhten die Entschlossenheit der Soldaten zu Beginn des Krieges.

Allerdings stellte sich bereits kurz nach dem Ausbruch des ersten Weltkrieges heraus, dass die Dauer des Krieges als allzu optimistisch prognostiziert wurde[27].

Vor allem als Weihnachten näher rückte, fand die Heimweh und die Erinnerung an vorherige Weihnachtsfeste Einzug in das Bewusstsein der Soldaten. Gleichzeitig erkannten diese auch allmählich, dass sich ihre Gegner in der gleichen Situation wie sie selbst befanden. Dies führte dazu, dass sich die gegnerischen Soldaten ineinander hineinversetzen konnten und somit eine Fraternisierung erleichtert wurde. Belegen lässt sich das Unverständnis der Soldaten für die Fortführung des Krieges an Aussagen wie „Mein Gott, warum können wir denn nicht einfach Frieden machen und alle nach Hause gehen?"[28], die ein deutscher Leutnant zu einem britischen Offizier sagte.

2.4. Verlauf des Weihnachtsfriedens

Weil es, wie eingangs erwähnt, nicht den Weihnachtsfrieden gibt, sondern der Weihnachtfrieden an jedem Frontabschnitt immer etwas anders abgelaufen ist, ist es unmöglich einen einheitlichen Verlauf wiederzugeben. Vielmehr sollen im folgenden Abschnitt Impressionen und Abläufe, die an vielen Frontabschnitten stattfanden aufgezeigt werden.

---

[24] vgl. Ritzer, Nadine/Ziegler, Sabine Q1 Z.6f.
[25] Jürgs, Michael 2003, S.50 Z.6
[26] vgl. Arnold, Martin 2014, Z.16f.

[27] vgl. Stradling, Jan, S.190 Z.31f.
[28] von Busse, Christian 2014, Z.84f.

2.4.1. Weihnachtsnacht

Im Vorfeld des 24. Dezembers 1914 sind teils tagelange Regenfälle an der Westfront belegt. Allerdings hat der „andauernde Regen [bereits am Morgen des 24. Dezember] aufgehört"[29]. Während sich die Temperaturen unterhalb der Gefriergrenze einpendelten[30], bildete sich eine „sternklar[e], kalt[e] und] windstill[e]"[31] Nacht. Die deutschen Soldaten erhielten, wie in Abbildung 5 zu sehen ist, für ihre Frontabschnitte mehrere jeweils etwa 80 Zentimeter hohe Weihnachtsbäume, die bereits fertig dekoriert und mit Kerzen versehen waren[32].

Abbildung 5: Deutsche Soldaten heben einen Weihnachtsbaum auf die Grabenwehr
Quelle: http://www.hna.de/politik/weihnachten-ersten-weltkrieg-weihnachtsfrieden-1914-4564241.html

Wie im Tagebuch des 5. Westfälischen Infanterieregiments vermerkt ist, wurden die Bäume um etwa neun Uhr am Abend angezündet und auf die Brustwehren gehoben[33]. Den Eindruck, den die vielen leuchtenden Bäume auf die Soldaten hinterlassen haben müssen, verdeutlicht der deutsche Kriegsfreiwillige Eduard Tölke vom 6. Westfälischen Infanterieregiment:

„Überall sah man brennende Lichterbäume, was einen überaus feierlichen Anblick bot[.]"[34]

Wenig verwunderlich, dass eine überaus beeindruckende Weihnachtsstimmung aufgekommen ist und „aus mehr als zweihundert Kehlen"[35] deutsche Weihnachtslieder, wie „Stille Nacht, Heilige Nacht!", geklungen sind[36].

---

[29] Jürgs, Michael 2003, S.64 Z.21f.
[30] vgl. Jürgs, Michael 2003, S.64 Z.22f
[31] von Busse, Mark-Christian 2014, Z.42f.
[32] vgl. Jürgs, Michael 2003, S.52 Z.26f.

[33] vgl. Jürgs, Michael 2003, S.33f. Z.34ff.
[34] aus Jürgs, Michael 2003, S.51 Z.5ff.
[35] aus Jürgs, Michael 2003, S.34 Z.1f.
[36] vgl. von Busse, Mark-Christian 2014, Z.6

Der deutsche Leutnant Kurt Zehmisch beschreibt das Leuchten sogar als „reinste Illumination"[37]. Die Gegebenheiten in der Nacht zum 25. Dezember bildeten also eine gute Grundlage um am kommenden Tag gemeinsam Zeit zu verbringen, zumal die Engländer den Gesang und die aufgestellten Weihnachtsbäume mit Applaus quittierten[38].

2.4.2. „Friedensverhandlungen" und der Beginn des Weihnachtsfriedens

Wie weiter oben bereits beschrieben bildete das anfängliche Bestatten der Gefallenen die Basis für einen späteren Weihnachtsfrieden. Vielerorts wurde die für diesen Zweck beschlossene Feuerpause am ersten Weihnachtsfeiertag einfach weitergeführt. Wie einfach und unkompliziert Annäherungsversuche stattfanden belegt ein Brief des Captain Alfred Dougan Chater von den 2nd Gordon Highlanders:

> *„About 10 o'clock this morning I was peeping over the parapet when I saw a German waving his arms and presently two of them got out of their trenches and came towards us. We were just going to fire on them when we saw they had no rifles so one of our men went out to meet them and in about two minutes the ground between the two lines of trenches was swarming with men and officers of both sides, shaking hands and wishing each other a happy Christmas."[39]*

Auch der deutsche Leutnant Kurt Zehmisch beschreibt eine ähnliche Situation. So kam, nachdem sich die beiden Seiten über eine gewisse Zeit hinweg zugerufen hatten, ein Engländer mit erhobenen Händen aus seinem Graben heraus. „In der einen Hand hielt er die Mütze voller englischer Zigaretten und Tabak"[40] und kam auf die Deutschen zu. Fast immer endeten solche Annäherungsversuche damit, dass sich die „verhassten" Gegner im Niemandsland Frohe Weihnachten wünschten, die Hände gaben und gemeinsam lachten[41]. Das der „Ausbruch aus den Schützengräben"[42] erst „die Initialzündung zu allem, was an diesem Tag noch passieren wird [ist]"[43], zeigen die zahlreichen Aktivitäten, die die Gegner zusammen durchführten. Diese sollen im nächsten Abschnitt näher behandelt werden.

---

[37] Briefe/Tagebucheinträge deutsch, Z.48
[38] vgl. von Busse, Mark-Christian 2014, Z.9f.
[39] Chater Alfred Dougan, Z.9ff.
[40] Briefe/Tagebucheinträge deutsch, Z.38f.
[41] vgl. von Busse, Mark-Christian 2014, Z.18ff.
[42] Jürgs, Michael 2003, S.107 Z.27
[43] Jürgs, Michael 2003, S.107 Z.30f.

2.4.3.   Gemeinsamer Zeitvertreib im Niemandsland

„Stell dir vor: Während du zu Hause deinen Truthahn gegessen hast, plauderte ich da draußen mit den Männern, die ich ein paar Stunden vorher noch zu töten versucht hatte."[44]

Diese Aussage aus einem Brief eines britischen Soldaten an seine Frau, beschreibt wie paradox allein schon das bloße Stattfinden des Weihnachtsfriedens ist, sehr eindrucksvoll. Fast überall wünschten sich die Soldaten zuerst „Frohe Weihnachten" und „Merry Christmas", nachdem sie sich im Niemandsland trafen. Allgemein spielte die Unterhaltung eine sehr große Rolle. So schildert der britische Soldat J.Selby Grigg in einem Brief an seine Eltern, wie er sich trotz einiger Sprachbarrieren mit einem deutschen Gegner unterhielt:

„When Turner and I and some of our pals strolled up from the reserve trenches after dinner, we found a crowd of some 100 tommies of each nationality holding a regular mothers' meeting between the trenches. We found some our enemies to be Saxons... I raked up some of my rusty German and chatted with some of them."[45]

Doch blieb es nicht lange bei reinen Unterhaltungen. Schnell standen auch die „erbittertsten Gegner um den Weihnachtsbaum und s[a]ngen Weihnachtslieder"[46]. Auch gibt es Berichte darüber, wie Engländer auf Mundharmonikas der Deutschen musizierten oder dazu tanzten[47].

Natürlich blieb auch die Bescherung nicht aus. So tauschte man beispielsweise Kekse, Würste, Schokolade oder auch Zigaretten untereinander aus[48]. Selbst wenn jemand das Geschenk des anderen nicht annehmen wollte, herrschte zu jeder Zeit eine sehr heitere Stimmung, wie Captain Sir Edward Hulse von den Scot Guards belegt:

---

[44] Briefe/Tagebucheinträge deutsch, Z.56f.
[45] aus Carmichael, Jane 1991, Z.1ff.
[46] Briefe/Tagebucheinträge deutsch, Z.8f.

[47] vgl. Ritzer, Nadine/Ziegler, Sabine, Q3 Z.1ff.
[48] vgl. von Busse, Mark-Christian 2014, Z.20f.

„Every sort of souvenir was exchanged [...]. One of our fellows offered a German a cigarette; the German said, 'Virginian?' Our fellow said, 'Aye, straight-cut', the German said 'No thanks, I only smoke Turkish!' [...] It gave us all a good laugh."[49]

Abbildung 6: Princess Mary Box
Quelle: http://www.25thlondon.com/tin.jpg

Aber selbst Rangabzeichen, Uniformknöpfe[50] oder Geschenkpakete, wie die britische *Princess Mary Box (siehe Abb. 6)*, die jeder Soldat von seiner Regierung erhalten hat, tauschte man lieber gegen Bier, Würstchen oder Ähnliches.

Doch auch der Sport war vielerorts ein essentieller Bestandteil des Weihnachtsfriedens. So sind Boxkämpfe und nicht zuletzt Fußballspiele überliefert. Allerdings darf man sich diese Fußballspiele nicht als durchgeplante Matches vorstellen. Viel mehr sind diese als „unorganisierte[s] Gekicke"[51] zu betrachten, die häufig ohne Tore oder sogar teilweise ohne wirklichen Ball gespielt wurden. Beispielsweise wurden als Ball Blechdosen oder Helme zweckentfremdet[52] und falls ein Tor gewollt war, steckte man dieses einfach durch Mützen oder Pickelhauben[53] ab. Auch hier fand alles sehr spontan und unkompliziert statt. So stellten sich die die Spielenden „schnell zu einer Gruppe mit bunt gemischten Reihen zusammen, der Ball in der Mitte, ..."[54] und schon konnte das Spiel beginnen, wie Johannes Niemann berichtet. Das von Niemann beschriebene Spiel ging 3:2 für die Deutschen aus. Jedoch spielten Ergebnisse während den Spielen absolut keine Rolle. Einzig und allein der Spaß und das Miteinander waren wichtig. Die ausgetragenen Fußballspiele wurden erst durch die Erschöpfung der Soldaten beendet. Aufgrund des Schlafmangels und der zum Teil zu dürftigen Essensrationen hielten die Soldaten meist nur etwa eine Stunde durch[55]. Trotz alle dem „vereinte [das runde Leder] die Soldaten für einen Augenblick und ließ sie zu dem werden, was sie waren: junge Männer, denen der Krieg die Jugend raubte."[56]

---

[49] Briefe/Tagebucheinträge deutsch, Z.109ff.
[50] vgl. von Busse, Mark-Christian 2014, Z.22
[51] Briefe/Tagebucheinträge deutsch, Z.98
[52] vgl. Stradling, Jan 2012, S.196 Z.2
[53] vgl. von Busse, Mark-Christian 2014, Z.58
[54] aus Stradling, Jan 2012, S.196 Z.7f.
[55] vgl. Stradling, Jan 2012, S.197 Z.1
[56] Knopp, Guido 2013, S.95 Z.1ff.

2.4.4. Ende des Weihnachtsfriedens und die Fortsetzung des Krieges

„There was a hard frost. At 8.30 I fired three shots in the air and put up a flag with
'Merry Christmas' on it and I climbed on the parapet. He put up a sheet with
'Thank You' on it, and the German captain appeared on the parapet. We both
bowed and saluted and got down into our respective trenches, and he fired two
shots into the air, and the War was on again."
- 26. Dezember 1914 Captain C.I. Stockwell

Auch hier ist zu erwähnen, dass es nicht <u>das eine Ende</u> des Weihnachtsfriedens gab. Ebenso ist es schwierig eine bestimmte Dauer des „Christmas Truce" zu nennen, da die Zeitspanne von wenigen Stunden über einige Tage bis zu mehreren Monaten reicht[57]. In keinen Fall wurde der Krieg aber „[o]hne beidseitige Warnung"[58] wiederaufgenommen.

2.5. Folgen und Maßnahmen gegen eine erneute nicht autorisierte Waffenruhe

„Es war eine Verbrüderung im gemeinsamen Gefühl, den Krieg endlich
beenden zu müssen. Die Generäle erfuhren erst danach davon und taten
fortan alles, dass so etwas nie wieder vorkommen könnte."[59]
- Deutscher Kriegsfreiwilliger Rickmer

Die konkreten Maßnahmen, die von den Generälen ergriffen wurden, damit „so etwas nie wieder vorkommen k[o]nnte"[59], sollen im Folgenden erläutert werden.

2.5.1. Zensur

Bereits vor den Ereignissen an Weihnachten 1914 gab es Einschränkungen, die sich auf Berichte und Fotos von der Front bezogen. Die Presse wurde von den Regierungen kontrolliert und gesteuert. Frontberichte durften demzufolge nur von einer Hand voll Reportern verfasst und veröffentlicht werden. Auch Fotos durften nur von „militärbehördlich bestätigte[n] Heeres-Photographen"[60] erstellt werden und mussten vor der Veröffentlichung vom Kriegspresseamt freigegeben werden[61]. Zur Zufriedenheit des deutschen Kaisers Wilhelm II. war die Kontrolle der Medien auch nach dem Weihnachtsfrieden sehr erfolgreich, so dass von der deutschen Presse nur Artikel veröffentlicht wurden, die im Sinne ihres Kaisers waren. Seine

---

[57] vgl. Arnold, Martin 2014, Z.80f.
[58] Briefe/Tagebucheinträge deutsch, Z.147f.
[59] aus Jürgs, Michael 2003, S.41, Z.21f.

[60] Jürgs, Michael 2003, S.220 Z.23f.
[61] vgl. Jürgs, Michael 2003, S.220, Z30ff.

Zufriedenheit drückte der deutsche Kaiser am 27.01.1915 folglich in einem Lob an die Presse aus:

„Ich mache Ihnen mein Kompliment. Sie schreiben ja famos. Ich lese Ihre Artikel sehr gern. Sie haben einen patriotischen Schwung. Das ist auch für unsere Leute im Schützengraben von hohem Wert, wenn wir ihnen solche Sachen schicken können."[62]

Da die Verantwortlichen aller Staaten fürchteten, dass der inoffizielle Friedensschluss, der an Weihnachten stattfand, an Bedeutung gewinnen würde und Forderungen nach einem generellen Frieden aufkommen könnten, wurde versucht die Verbreitung durch Briefe, Filme oder Fotos einzudämmen. Infolgedessen wurden Briefe, die unerwünschte Inhalte aufwiesen zensiert und von Soldaten gefilmte Filme, die den Weihnachtsfrieden zeigten konfisziert.[63] Wenig verwunderlich also, dass in Deutschland keine Fotos vom Weihnachtsfrieden veröffentlicht wurden. Allerdings liegt es nicht an einer grundsätzlich anderen Haltung der britischen Regierung, dass die meisten Berichte über den „Christmas Truce" aus Großbritannien stammen[64]. Viel mehr liegt es an einer anderen ineffektiveren Methode der Zensur. So wurden die vielen tausend Briefe nur stichpunktartig kontrolliert[65], wodurch ein großer Teil der abgeschickten Briefe auch unzensiert bei den Adressaten ankam.

Alles in allem war die Zensur ein zumindest auf deutscher Seite sehr effektives Mittel, um die Blamage der Generäle und anderer hoher Militärs einzudämmen.

2.5.2. Erteilung von Schweigebefehlen und Kleinreden der Ereignisse

Als eine weitere Konsequenz für den Weihnachtsfrieden, wurden den Soldaten Schweigebefehle erteilt, deren Ziel es war, eine Verbreitung der geschehenen Ereignisse zu unterbinden. Beispielsweise erhielten französische Soldaten, wie Gervais Morilon, solche Befehle und im Zuge dessen „durften [sie] erst Recht nicht in Briefen vom […] Weihnachtsfrieden berichten".[66]

Allerdings beschränkten sich die Schweigebefehle nicht nur auf die Soldaten. Auch in den Regimentstagebüchern wurde der Weihnachtsfrieden entweder nicht erwähnt oder nur sehr vage angedeutet. Ein Beispiel hierfür stellt der Eintrag in das Tagebuch des 55. Westfälischen Infanterieregiments dar:

---

[62] aus Jürgs, Michael 2003, S.221 Z.14ff.
[63] vgl. von Busse, Mark-Christian 2014, Z.90f.
[64] vgl. Briefe/Tagebucheinträge deutsch, Z.106

[65] vgl. Jürgs, Michael 2003, S.227 Z.6ff.
[66] Jürgs, Michael 2003, S.72 Z.23f.

„24. Dezember: Alle drei Bataillone feiern die ersten Kriegsweihnachten im Schützengraben."

Hierbei wird deutlich, wie der Schweigebefehl auch von offizieller Seite umgesetzt wurde. Zwar wird erwähnt, dass „[a]lle drei Bataillone feiern", aber es wird nicht genannt, dass mit dem Gegner gefeiert wird.

Das Kleinreden der Ereignisse wird auch an vielen anderen Stellen deutlich. Beispielsweise wird das nicht Vorhandensein von Fotos bei den Deutschen und Franzosen damit begründet, dass es keine Ereignisse gab, die „der Rede oder gar eines Fotos wert gewesen sei[en]"[67]. Gleichzeitig wird auf die offiziellen (aber auch kontrollierten) Frontberichte verwiesen[68]. Auch am Verhalten der britischen Verantwortlichen wird das Kleinreden des Weihnachtsfriedens deutlich. Auf Nachfrage räumten diese zwar „einzelne Verbrüderungen"[69] zu, degradierten sie aber gleichzeitig zu „zufällige[n], kleinere[n] Ereignissen"[70]. Das der Weihnachtsfrieden ein an der gesamten Westfront auftretendes Phänomen war, wurde hier nicht zugegeben. Besonders an den Schweigebefehlen und dem von allen Seiten praktizierten Kleinreden wird deutlich, in welche Verlegenheit die Verantwortlichen durch den Weihnachtsfrieden gebracht wurden.

Nach der Meinung der Militärs war es allerdings nicht damit getan eine bloße Verbreitung des Phänomens zu verhindern. Viel mehr musste eine Wiederholung im Folgejahr unterbunden werden. In Zuge dessen wurden die Strafen für das Fraternisieren verschärft und außerdem eine Reihe weiterer Beschlüsse erlassen, die im folgenden Abschnitt näher behandelt werden sollen.

2.5.3. Verschärfung des Verbotes der Fraternisierung und Befehle zur Verhinderung weitere inoffizieller Waffenruhen

Da das Bestatten der Gefallenen vielerorts die Basis für den Weihnachtsfrieden bildete, wurde dies künftig durch die Offiziere unterbunden. Selbst dann, wenn eine solche Feuerpause durch die Kompaniechefs vor Ort überwacht werden würde[71]. Diese Entscheidung verschlimmerte die Situation der Frontsoldaten nochmal erheblich, da sich die Leichen der Kameraden nun über Wochen oder Monate hinweg im Niemandsland stapelten und ein schlimmer Geruch durch die fortschreitende Verwesung entstand.

---

[67] Jürgs, Michael 2003, S.226 Z.11ff.
[68] vgl. Jürgs, Michael 2003, S.226 Z.12f.
[69] Jürgs, Michael 2003, S.226 Z.1

[70] Jürgs, Michael 2003, S.226 Z.2
[71] vgl. Jürgs, Michael 2003, S.297 Z.31f.

Doch war dies noch nicht das Ende der ergriffenen Maßnahmen. Abgesehen davon wurden Beteiligte mit „drakonische[n] Disziplinierungsstrafen"[72] abgestraft oder es wurden zumindest solche angedroht. Besonders konsequent umgesetzt wurden solche bei den Belgiern und Franzosen, indem Kommandeure ihres Kommandos enthoben wurden und Kompanieführer zu einfachen Soldaten degradiert wurden[73].

Auch der britische Feldmarschall Sir Douglas forderte in einem Befehl harte Strafen für Soldaten, die mit „dem Feind verbal oder auch nur per Zeichensprache kommunizierten"[74]. Im selben Befehl forderte er Sniper und MG-Schützen zu „erhöhter Alarmbereitschaft" auf. Der Hintergedanke ist dabei klar. Jeder Annäherungsversuch solle zur Not auch mit Waffengewalt verhindert werden.

Einen ähnlichen Befehl erlässt der Generalstab Erich von Falkenhayn und befiehlt jeden sofort zu erschießen, der sich in Richtung Feind bewegt[75]. Der Unterschied ist hierbei allerdings, dass Falkenhayn hiermit notfalls auch seine eigenen Soldaten zum Abschuss freigibt.

Mit dem Tod rechnen mussten auch Soldaten, die vor ein Kriegsgericht gestellt wurden, da Erich von Falkenhayn mit einem Rundbefehl vom 29.12.1914 das Fraternisieren auf eine Ebene mit Hochverrat stellte[76]. Nicht selten wartete auf Verurteile dann die Exekution. Was bereits unter Hochverrat fällt zeigt die folgende Aufzählung deutscher Stabsoffiziere aus dem Jahr 1915:

„Jeder Versuch der Verbrüderung mit dem Feind wie zum Beispiel eine stillschweigende Abmachung, nicht aufeinander zu schießen, gegenseitige Besuche, Austausch von Neuigkeiten, wie es letztes Jahr an Weihnachten und Neujahr passierte, ist hiermit streng verboten. Zuwiderhandlungen werden als Hochverrat betrachtet."[77]

Alles in allem sollten die Beschlüsse wohl in erster Linie abschreckend wirken und die Soldaten davon abhalten sich mit dem Gegner erneut zu verbünden. Das dies ein äußerst probates Mittel zur Unterbindung war, zeigt die Tatsache, dass es an

---

[72] von Busse, Mark-Christian 2014, Z.109
[73] vgl. Jürgs, Michael 2003, S.79 Z.6f.
[74] Jürgs, Michael 2003, S.313 Z.10f.

[75] vgl. Jürgs, Michael 2003, S.313 Z.31f.
[76] Knopp, Guido 2013, S.95, Z.25ff.
[77] aus Jürgs, Michael 2003, S.314 Z.18ff.

Weihnachten 1915 nur noch vereinzelte Versuch gab einen Waffenstillstand zu arrangieren.

3. Schlussgedanken

Zum Schluss möchte ich das Zitat „Stell dir vor es ist Krieg, und keiner geht hin" aus dem Titel meiner Arbeit aufgreifen, denn an Weihnachten 1914 passierte etwas Einmaliges: Die beteiligten Soldaten mussten sich nicht bloß vorstellen, das Krieg herrscht und einfach keiner hingeht. Im Gegenteil: Es „ging" wirklich keiner hin. Dieses einmalige Ereignis wurde als Weihnachtsfrieden bekannt und brachte Gegner oder auch sogenannte „Feinde" dazu, das Schießen entgegen der Befehle ihrer Vorgesetzten einzustellen und das Fest der Liebe und des Friedens gemeinsam zu feiern. Besonders verwunderlich ist allerdings die Tatsache, dass dieses Phänomen nicht nur an einem einzelnen Frontabschnitt der Westfront belegt ist, sondern sich nahezu über die gesamte Westfront durchzog. Dieses Ereignis zeigte aber auch wie Sport Frieden stiften kann. Denn der Fußball, der an vielen Orten gespielt wurde, stellte eine der wenigen Verbindungen zwischen den „verhassten" Parteien her. Abgesehen davon ließ er die Spieler das gesamte Umfeld und die schrecklichen Ereignisse der letzten Wochen und Monate vergessen. Wenig verwunderlich also, dass die Spieler bis zu ihrer Erschöpfung spielten. Insgesamt wäre es auch für unsere Gegenwart wünschenswert, wenn Frieden bzw. wenigstens Feuerpausen so einfach und unkompliziert „ausgehandelt" werden könnten, wie es auch an Weihnachten 1914 an der Westfront möglich war.

4. Literaturverzeichnis

Arnold, Martin (2014): Lassen wir uns „nicht von den Eigenen täuschen"!, Der Weihnachtsfrieden 1914 und der „Krieg gegen den Terror", http://www.lebenshaus-alb.de/magazin/008422.html (Abgerufenen 01.03.2016)

Briefe/Tagebucheinträge deutsch (2011): http://www.pfarrei-geltendorf.de/ bilder/x2000/x2325_2011/Filmabend_2_12_2011/Briefe_Tagebuch_deutsch.pdf (Abgerufen am 01.03.2016)

Carmichael Jane: First World War Photographers, 1991, S.31

Chater, Alfred Dougan: A Letter written by Captain Alfred Dougan Chater, 2nd Gordon Highlanders, www.edinburghs-war.ed.ac.uk/sites/default/files/pdf_ Chater_Letter.pdf (Abgerufen am 30.10.2016)

Hamann, Brigitte: Der erste Weltkrieg – Wahrheit und Lüge in Bildern und Texten, München 2004, S.14

Jürgs, Michael: Der kleine Frieden im Großen Krieg, Westfront 1914: Als Deutsche, Franzosen und Briten gemeinsam Weihnachten feierten, München 2003

Knopp, Guido: Der erste Weltkrieg-Die Bilanz in Bildern, Hamburg 2013, S.92-95

Lengemann, Martin U.K. (2014): Die Westfront ist noch heute die Narbe Europas, https://www.welt.de/geschichte/article130721927/Die-Westfront-ist-noch-heute-die-Narbe-Europas.html (Abgerufen am 06.11.2016)

Mix, Andreas (2014): Das Attentat von Sarajewo, http://www.dhm.de/lemo/kapitel/erster-weltkrieg/kriegsverlauf/attentat-von-sarajewo.html (Abgerufen am 30.10.2016)

Mix, Andreas (2014): Die Juli-Krise 1914, https://www.dhm.de/lemo/ kapitel/erster-weltkrieg/kriegsverlauf/juli-krise-1914.html (Abgerufen am 09.07.2016)

Oltmer, Thorsten (2014): Captain Chaters Brief vom Weihnachtswunder, http://www.spiegel.de/wissenschaft/mensch/weihnachten-im-ersten-weltkrieg-brief-beschreibt-waffenruhe-a-1010214.html (Abgerufen am 30.10.2016)

Ritzer, Nadine/Ziegler, Sabine: Der Weihnachtsfriede 1914, Eine Fallstudie für die Sekundarstufe I, https://www.phbern.ch/fileadmin/user_upload/MOL/ 1_ Weltkrieg/Unterrichtseinheiten/10_Der_Weihnachtsfrieden_1914.pdf (Abgerufen am 01.03.2016)

Stradling, Jan: Wenn Sport Geschichte schreibt, Hamburg 2012, S.188-197.

Stockwell, Captain C.I.: http://archive.is/dckC#selection-547.1-547.451 (Abgerufen am 03.11.2016)

von Busse, Mark-Christian (2014): Wunder an Weihnachten: Der Weihnachtsfrieden 1914, http://www.hna.de/politik/weihnachten-ersten-weltkrieg-weihnachtsfrieden-1914-4564241.html (Abgerufen am 01.03.2016)

WAS IST WAS (2012): Die Frage der Woche: Wer waren die Hunnen?, http://www.wasistwas.de/archiv-geschichte-details/die-frage-der-woche-wer-waren-die-hunnen.html (Abgerufen am 04.11.2016)

Zeitklicks: Die Hunnenrede Kaiser Wilhelms II., http://www.zeitklicks.de/kaiserzeit/zeitklicks/zeit/politik/aussenpolitik/die-hunnenrede-kaiser-wilhelms-ii/ (Abgerufen am 04.11.2016)